Brecht & Weigel

in Buckow

Text: Bernd Erhard Fischer

Photographien: Angelika Fischer

Edition A · B · Fischer

Menschen und Orte

Blick auf den
Schermützelsee

Rückkehr

Bertolt Brecht und Helene Weigel bei ihrer Rückkehr nach Deutschland, 1948

Auf einer Radierung des Grafikers Arno Mohr sieht man ihn, die Hände hinter dem Rücken verschränkt, die Schiebermütze tief ins Gesicht gezogen, einen Zigarillo rauchend seinem Arbeitszimmer im Buckower Gärtnerhaus zustreben. Vom Haus sieht man nur die breiten Eckfenster, die ihm einen Blick wie von einer Kanzel auf die silberne Fläche des Schermützelsees erlaubten. Kurz zuvor mag wieder einmal die Glocke der Weigel erklungen sein, die ihn zum Essen hinüber in die „Eiserne Villa" rief. Dann unterbrach er die selbstgewählte Isolation, manchmal freudig, wenn Gäste im Haus waren, zuweilen auch mürrisch, wenn er, tief versunken, seine Gedanken zerreissen fühlte. Was er vor allem suchte, war Ruhe, ein Fleckchen Erde, wo er ungestört arbeiten konnte.

Nach fünfzehnjähriger Emigration, einem rastlosen Leben in Dänemark, Schweden, Finnland, der UdSSR und den USA, war Brecht mit Helene Weigel, seiner zweiten Frau, im Oktober 1948 nach Deutschland zurückgekehrt. Er hatte zunächst in Österreich oder der Schweiz Aufnahme gesucht, aber der schlechten Aufführungsmöglichkeiten für seine Stücke wegen nicht Fuß fassen können. Im westlichen Teil Deutschlands schien man ihn, den Dichter des *Baal,* völlig vergessen zu haben. Dort war man offensicht-

Grafik von Arno Mohr, 1960

Das Haus in Weißensee, in dem Brecht und Weigel ihre erste Berliner Wohnung bezogen.

Ich bin jetzt drei Monate in Berlin, habe (zusammen mit Engel) die ‚Courage' inszeniert und das Ergebnis meines Umschauens ist folgendes: Es ist sehr nötig und ganz möglich, das Theater hier wieder in Schwung zu bringen.

Brief an Erwin Piscator, 9. Februar 1949

lich mit der Restauration überkommener Verhältnisse beschäftigt und konnte oder wollte einen Autor nicht kennen, der sich immer eindeutig auf die Seite der arbeitenden Klasse gestellt hatte. Im zweiten deutschen Staat war dies anders. Dort empfing man den Dichter und die berühmte Schauspielerin mit Interesse und Neugier. Man versprach sich eine Belebung der Theaterlandschaft im Sinne des „sozialistischen Realismus". „*Ich habe meine Meinungen nicht, weil ich hier bin, sondern ich bin hier, weil ich meine Meinungen habe*" hatte Brecht geschrieben und damit jeden Zweifel ausgeräumt. Gegen eventuelle Wechselfälle in der Gunst des neuen Staates waren Bertolt Brecht und Helene Weigel allerdings mit einem österreichischen Paß abgesichert. Ihre Rückkehr nach Deutschland hatte stets etwas Vorläufiges.

Mit der gefeierten Aufführung seiner *Mutter Courage und ihre Kinder* – Helene Weigel in der Titelrolle – erlebte das Deutsche Theater schon am 11. Januar 1949 einen sensationellen Erfolg, nicht zuletzt der beeindruckenden Bühnenpräsenz Helene Weigels wegen, die bei den Kritikern in Ost und West einen nachhaltigen Eindruck hinterließ. Die im November desselben Jahres auf die Bühne gebrachte Premiere von Brechts Drama *Herr Puntila und sein Knecht Matti* war schon das Werk des eigenen „Berliner Ensembles". Die Intendantin des neuen Ensembles hieß

Helene Weigel. Brecht setzte auf die nie versiegende Energie und das Organisationstalent seiner „Helli“. *„Das kannst du!“* hatte er gesagt. *„Na schön“* hatte sie geantwortet. Was folgte, war zermürbende Kleinarbeit. Es galt Wohnungen, Pässe, Möbel für die Schauspieler zu besorgen, Behörden zu überlisten, Essen zu organisieren und dennoch keine Probe zu versäumen. Die kleine, drahtige Frau entwickelte erstaunliche Kräfte und stand abends auf der Bühne – ohne die geringsten Anzeichen von Erschöpfung.
Zunächst hatte man künstlerisch im Deutschen Theater Aufnahme gefunden. Doch nach ständigen Reibungen mit dem dortigen Intendanten Wolfgang Langhoff suchte man intensiv nach einer eigenen Spielstätte und fand sie 1954 endlich im Haus am Schiffbauerdamm, nachdem Brecht schon seinen Vertrag hatte kündigen wollen.
Auf den Vorhang hatte man Picassos Friedenstaube genäht

Auf dem Wagen des Berliner Ensembles, 1. Mai 1954

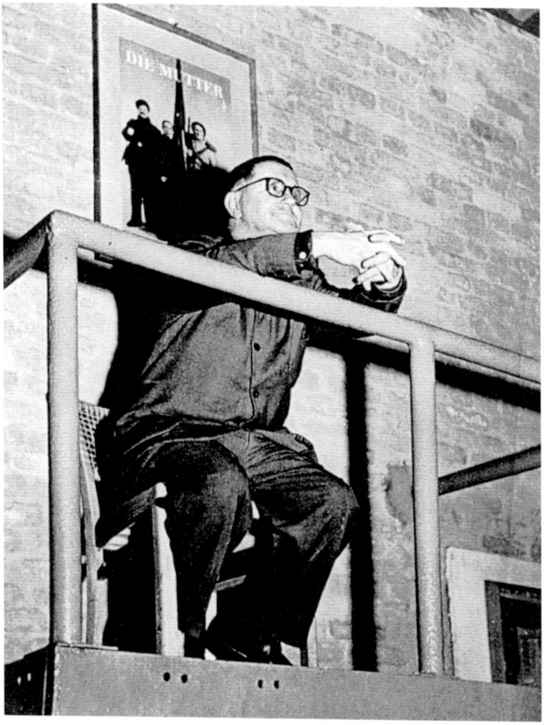

Bei der Probenarbeit, 1954

Zum ersten Mal fühle ich den stinkenden Atem der Provinz hier.

Nach einer Sitzung beim Oberbürgermeister

Immer noch
Liegt auf dem Schrank mit
Den Manuskripten
Mein Koffer

Aus einem Gedicht Brechts

Wir waren nicht das, was sie wollten, aber sie wollten auch nicht verlieren, was sie mit uns hatten.

Helene Weigel

– als sichtbares Zeichen für den politisch-ästhetischen Hintergrund der Theaterarbeit. Daß dieser erfrischende Neubeginn auf tiefes Mißtrauen bei der Staatsführung stieß, war Brecht nicht verborgen geblieben. Linientreue Parteigenossen kamen mit seiner eigenwilligen Auffassung vom realistischen Theater nicht zurecht. Man warf ihm „volksfremde Dekadenz" vor. Der satirische Blick, der oft schroffe Pragmatismus paßten nicht in die amtliche Aufbruchsstimmung. Auch sein gesellschaftliches Engagement, die Mitgliedschaft in der Akademie der Künste und anderen Institutionen konnten dagegen nichts ausrichten. Es wehte ein kalter Gegenwind.

Im Garten am Schermützelsee

Die ‚Eiserne Villa'

Ein Refugium

In dieser spannungsreichen Zeit reifte in beiden Künstlern der Wunsch nach einem ruhigen Ort heran, einem Stückchen Land irgendwo an einem See, umgeben vom Rauschen der Bäume, nichts als Stille, vergleichbar dem Landsitz der finnischen Schriftstellerin Hella Wudijoki, die ihnen 1940 für vier Monate Zuflucht gewährt hatte. Am 14. Februar 1952 hatten sie Erfolg. Sie fanden den Ort ihrer Wünsche in Buckow, etwa siebzig Kilometer östlich von Berlin, am Ufer des geheimnisvollen Schermützelsees in der „Märkischen Schweiz". Ein langgestreckter, über 2 km langer See in einem tief eingesunkenen Becken. In alten Zeiten, hatte Fontane berichtet, sei hier bei einem Erdrutsch die ursprüngliche Stadt Buckow versunken. Gelegentlich, bei Sonnenuntergang und bewegtem Wasser, klängen Kirchenglocken aus vierzig Metern Tiefe herauf. Dort standen am Seeufer gleich zwei Häuser zum Verkauf, ein kleines, wie Brecht fand, „*nicht unedel gebaut*", mit Blick auf den See und nur fünfzig Meter daneben ein

Die ‚Eiserne Villa', ursprünglich als Bildhaueratelier gebaut

elegantes Landhaus mit einer großen Front aus Sprossenfenstern. Das Panorama, das sich aus diesem Fenster bot, war überaus anmutig: Zwischen Röhricht und Pfeilkraut führte ein langer Bootssteg hinaus auf den Spiegel des Sees, auf der anderen Seite die bewaldeten Hügel der Bollersdorfer Höhe, darüber der märkische Himmel mit seinen Wattewolken. Das Haus hatte zuvor dem Bildhauer Georg Roch gehört, einem Freund und künstlerischen Mitarbeiter des Architekten Bruno Möhring, der vermutlich auch die Entwürfe dazu gezeichnet hatte. Es wurde um 1910 ganz nach den Bedürfnissen der Bildhauerei gestaltet: Hinter der Fensterfront erstreckte sich

eine geräumige Halle, die über zwei Etagen reichte. So entstand Licht und Raum für große plastische Bildwerke, in deren Entstehung der See mit seinen wechselnden Stimmungen stets einbezogen blieb. In einem Winkel des parkartigen Gartens zeugten zwei fischschwänzige Pferdeskulpturen an einer Seebalustrade und am Haus drei Medaillons im Halbrelief von der Arbeit Georg Rochs. *„Etwas derart wäre erschwinglich"*, notierte Brecht in sein Journal und stellte zufrieden fest: *„In das größere Haus könnte man Gäste einladen."*
Mit stolz geschwellter Brust konnte er schon im Frühling 1952 erste Besucher durch das Haus führen. Er legte sich

Blick aus der Halle auf den Bootssteg und den Schermützelsee

Ich gehöre jetzt zu einer neuen Klasse – den Pächtern!

Brecht, nach Berichten von Käthe Rülicke

einen Spazierstock zu, trug weiße Tennisschuhe und freute sich über jeden neu entdeckten Winkel, jeden Baum und Strauch in seinem Garten. Hier kam wirklich alles zusammen, der Platz für Geselligkeit und geistigen Austausch mit Freunden und Mitarbeitern, die Möglichkeit, sich zur Arbeit zurückzuziehen – vielleicht sogar für eine Art Regieschule? Helene Weigel bezog das größere Haus, die „Eiserne Villa", wie der Bau nach seinem abgebrannten Vorgänger noch immer hieß. Sie richtete im Erdgeschoß neben der Halle Küche und Bibliothek, im Obergeschoß Schlaf- und Gästezimmer ein. Bert Brecht reservierte für sich das kleinere „Gärtnerhaus" zum

Die Zugangsseite der ‚Eisernen Villa'

Details am Giebel

Wohnen und ungestörten Arbeiten. So blieben Nähe und Distanz, Lebensfreude und Isolation in der Balance, und der Dichter konnte je nach Wunsch am Geschehen in der „Eisernen Villa“ teilnehmen oder sich verweigern.
Den größten Eindruck machte ihm die Natur, die ihn berührte, wie er es seit vielen Jahren nicht mehr empfunden hatte:

Tannen

In der Frühe
Sind die Tannen kupfern.
So sah ich sie
Vor einem halben Jahrhundert
Vor zwei Weltkriegen
Mit jungen Augen.

Beeindruckend auch die Silberpappel, die beide Häuser überragte und im Wind lebendig wurde. Helli meinte, sie könne, wenn sie die Augen schließe, die einzelnen Blätter in verschiedenen Sprachen sprechen hören.

Ich habe versucht, unter allen Lebensumständen das Notwendige beizubehalten. Es war nötig, daß Brecht ein Zimmer hatte, in dem er ungestört arbeiten konnte, und das mußte ziemlich groß sein, denn er lief gern bei der Arbeit.

Aus: Helene Weigel in Buckow

Die Silberpappel

Zwei fischschwänzige Pferdeskulpturen am Seeufer zeugen von der Arbeit des Bildhauers Georg Roch.

Haus und Umgebung in Buckow ist ordentlich genug, daß ich wieder etwas Horaz lesen kann.

Aus Brechts Journal, 15. Juli 1952

Die Seebalustrade

Im Blumengarten

Der lange Holztisch in der Halle der ‚Eisernen Villa'

Mit Eifer kümmerte sich das Paar um die Renovierung der Häuser und das passende Mobiliar. Die Arbeitsräume des Dichters blieben schlicht: Tisch und Stuhl auf den bloßen Dielen, zwei Sessel in der Veranda, Bücher, ein chinesisches Rollbild, ein Paravan, übersäht mit Notizblättern zu seinem Drama *Turandot.*

Für die Mauerecke im Garten hatte er einen eisernen Wirtsgartentisch mit der dazugehörigen Bank beschafft. Die Farbe blätterte zwar, aber Brecht fand ihn *„sehr elegant"*. Ein langer, gescheuerter Holztisch, einst die Basis einer Wäschemangel, bildete den kommunikativen Mittelpunkt der „Eisernen Villa", darum standen ländliche

Stühle aus Norddeutschland. *„Es ist wirklich ratsam"*, schrieb er 1954 seinem Verleger Peter Suhrkamp, *„in Häusern und mit Möbeln zu wohnen, die zumindest 120 Jahre alt sind, also in früherer kapitalistischer Umgebung bis man eine spätere sozialistische haben wird."*
Ein Brautstuhl von 1793 mit Worpsweder Binsengeflecht hatte es Helene Weigel besonders angetan. In der Rückenlehne fand sich der Name der Braut und das Hochzeitsdatum eingeschnitzt. Lange Jahre sollte dies ihr Platz sein, am Kopf der Tafel, von wo aus sie die Gespräche mit wachem Blick und freundlichen Kommentaren begleitete.

Wenn ich in einem Buch lese „ein Mann von Siebenundvierzig", denke ich: was, und er will noch mitreden? Und ich selbst bin dreiundfünfzig.

Aus Brechts Journal,
3. November 1952

Der Brautstuhl von 1793,
Helene Weigels
Lieblingsplatz

Elegische Sommer

Um 1952

Man hatte allerdings kein Idyll zu erwarten. Die Verhältnisse im sozialistischen Nachkriegsdeutschland waren nach wie vor schwierig. War Brecht einmal den enervierenden Auseinandersetzungen mit der Berliner Kulturbürokratie entkommen, so sah er sich schon am Polizeikontrollpunkt Hoppegarten einer unduldsamen Volkspolizei gegenüber, die ihm partout nicht erlauben wollte, eine Reiseschreibmaschine mit aufs Land zu nehmen, in ein Gebiet außerhalb des alliierten Sonderstatus. Hatte er schließlich nach zähem Ringen die Genehmigung des „Ministeriums für Außenhandel und Innenhandel, Amt für Kontrolle des Warenverkehrs" erwirken können, so mußte er feststellen, daß er auch im kleinen Städtchen Buckow argwöhnisch beäugt und bekrittelt wurde. Kontakt zur einheimischen Bevölkerung gab es so gut wie nicht. Hier galt er offenbar als ein Privilegierter, der Baumaterialien erhielt, wo gewöhnliche Bürger leer ausgingen. Wie war es möglich, innerhalb kürzester Zeit zwei Häuser in Stand zu setzen? Was waren das auch für sonderbare Leute, die der kleine Mann mit der Ballonmütze mit dem eigenen Auto vom Bahnhof abholte? Man munkelte, daß er gleich mehrere Geliebte habe. Er beschäftigte junge Mitarbeiterinnen, mit denen er nachts, hörte man sagen, die reinsten Orgien feierte. Tagsüber hingen sie faul am Steg herum oder ruderten auf dem See spazieren. Das konnte nur ein Bonze sein!

Und da sind auch diese – wirklich also für mich manchmal untragbaren Weibergeschichten da, mit diesen blöden Frauenzimmern, wo ich nie verstanden habe, was er von denen hatte.

Helene Weigel im Gespräch mit Werner Hecht

Ein einziges Gespräch hat Brecht festgehalten. Er führte es mit einem Klempner, 48 Jahre alt. Der Mann beklagte sich über die elende Lage seines Gewerbes: Kein Material, kaum noch Aufträge, Rentner bekämen nur 30 Mark im Monat, aber die alten Nazis täten Dienst in der Volkspolizei! Er kritisierte den aufgeblähten Beamtenapperat und schilderte, wie man einer Rentnerin zwei Westpakete mit Lebensmitteln wegnahm, *„obwohl sie nicht mehr weiß, wie Schmalz riecht."*

Beim Gehen lud ihn der Mann zum Schachspielen ein.

Noch Brechts Biograph Werner Hecht mußte feststellen: *„Kaum einer der zweieinhalbtausend Einwohner Buckows weiß zu Lebzeiten Brechts, wer dieser Mann ist und was er geschrieben und inszeniert hat. Als ich mich (im Auftrag des Ministeriums für Kultur) 1977 daran machte, das größere Haus für ein interessiertes Publikum zu öffnen und dafür die notwendigen örtlichen Betriebe zu aktivieren, stieß ich sowohl bei den Behörden als auch bei der Bevölkerung allenthalben auf Unverständnis".*

Brecht und Weigel in Buckow

Buckow war für Brecht gerade *„friedlich und langweilig genug für die Arbeit"*. Eine Zeit lang pendelte sich das Leben auf dem Land in angenehmer Weise ein. Während der Dichter in seiner *„Sphäre der Isolierung"* an der Schreibmaschine hackte oder im Pavillon davor saß, mit der Schreibmappe auf den Knien, seinen Horaz las oder einfach auf den See hinaus blickte, verschlang Helene Weigel ganze Berge von Kriminalromanen, um sich vom Theater abzulenken. Oder sie durchstreifte den urwüchsigen Nadel- und Buchenwald der Umgebung nach Pilzen. Pilze suchen und Kochen, das waren Passionen. Schwimmen, Patiencen legen – alles konnte helfen, den spannungsvollen Alltag zu vergessen. *„Ich habe doch alles in Hülle und Fülle"*, sagte sie einmal. *„Wenn ich weg bin, wegfahre, habe ich nach zwei Tagen dieses Misttheater völlig aus dem Kopf verloren."*

Eifersüchtig wachte sie über Brechts Arbeitsruhe. Wenn Gäste kamen – und es kamen viele –, zauberte sie raffinierte Menüs aus Gemüse und Fleisch, das sie gemeinsam mit dem Hausmädchen Lisa im Ort einkaufte, und den Pilzen des Waldes. Erst wenn alles fertig war, wurde die Glocke geläutet und der Dichter zum Essen gerufen. Er saß dann an der Stirnseite des Tisches, hörte sehr genau zu und überraschte die Freunde oft durch seine Wachheit, die ständige geistige Präsenz, die sich in kurzen Einwürfen mit trockenem Humor äußern konnte.

Mit Paul Dessau

Brecht genoß die Gespräche mit den Regisseuren und Schauspielern, den Musikern und Schriftstellern sehr. Manchmal kamen Paul Dessau und Hanns Eisler, um

Das Gärtnerhaus mit Brechts Wohn- und Arbeitsräumen

Mitunter, das war immer so, gerate ich in eine gewisse geistige Unruhe und schließe mich ab, begebe mich in eine Art Höhle und lese dort die Kriminalromane.

Aus Brechts Journal

über die Musik zu seinen Stücken zu diskutieren, auch der Sänger Ernst Busch, der seine Songs wie kaum ein anderer zum Klingen brachte. Oder Helli empfing einige Schauspieler, um mit ihnen die Rollen zu proben.

Brecht kümmerte sich gern um Erwin Strittmatter, den Bauern und Gemeindevorsteher, dessen literarische Arbeit er sehr unterstützte: *„Strittmatter bringt die neue Fassung seines zweiten Akts von ‚Katzgraben', die letzten paar Seiten sind in Jamben geschrieben. Er kam anscheinend in diesen Rhythmus hinein, wie eine Kuh in ein Loch tritt. Nur mit mehr Genuß…"*, schrieb er am 22. Juli 1952 ins Journal.

Von Hellis Pilzen, heißt es, aß er nichts. Dazu war er zu ängstlich. Stets fürchtete er um seine Gesundheit. Aber er bewunderte seine energische, dem Leben zugewandte Partnerin:

„mit den Augen der Wissenden
Und den Händen der brotbackenden, netzestickenden,
Suppenkochenden Kennerin
Der Wirklichkeit."

Dann war er wieder fort und schloß die Tür hinter sich, an der ein Zettel hing:

„In Erwägung, daß ich nur ein paar Wochen im Jahr für mich arbeiten kann
In Erwägung, daß ich, arbeitend, auf meine Gesundheit achten muß
In Erwägung, daß bei dem Schreiben von Stücken und dem Lesen von Kriminalromanen jede menschliche Stimme im Haus und vor dem Haus eine willkommene Ausrede für eine Unterbrechung bildet habe ich beschlossen, mir eine Sphäre der Isolierung zu schaffen".

Er hielt viel von kollektiver Arbeit; er fand , man müsse „in breiter Front vorstoßen". Wo immer er war, sammelte sich um ihn eine Schar von Anhängern, die bedingungslos an ihn glaubten. Seine Frau und Gefährtin Helli Weigel war ihm eine fanatische Helferin.

Aus: Lion Feuchtwanger, Bertolt Brecht

Das Arbeitszimmer im Gärtnerhaus

In der Sitzecke

Aber er relativierte die Strenge im letzten Satz gleich wieder: *„Prinzipien halten sich am Leben durch ihre Verletzung."*
Brecht arbeitete in Buckow vorwiegend am *Turandot* und an seiner Fassung von Shakespeares *Coriolan*, aber immer wieder flossen ihm Verse zu, die er niederschrieb, zum Teil aber unbearbeitet ließ. Seinem Verleger Peter Suhrkamp kündigte er sie später als *Buckowliche Elegien* an. Sie sind der Ausfluß einer großen Desillusionierung, die vor dem Hintergrund der besänftigenden Natur zu einer ganz eigenen, melancholischen Schönheit führte.
In Berlin hatten sich am 17. Juni 1953 die Arbeiter gegen die Partei- und Staatsführung erhoben. Voller Zweifel war Brecht nach Berlin gereist, um seinen Einfluß und die Kraft des Berliner Ensembles in die Waagschale zu werfen.

Brechts Sitzecke im Gärtnerhaus

Es ist nicht genug verlangt, wenn man vom Theater nur Erkenntnisse, aufschlußreiche Abbilder der Wirklichkeit verlangt. Unser Theater muß die Lust am Erkennen erregen, den Spaß an der Veränderung der Wirklichkeit organisieren.

Aus: Notate zu ‚Katzgraben', 1953

Die Veranda am See

Auch er glaubte ja zunächst an eine Konterrevolution, angezettelt von unbelehrbaren, faschistischen Elementen. Aber dann erkannte er doch, *„daß hier die arbeitende Klasse ist. Nicht die Kleinbürger handeln sondern die Arbeiter.“* Noch am 17. Juni schrieb er einen Brief an Walter Ulbricht und schlug eine *„große Aussprache“* mit den Arbeitern über das Tempo des sozialistischen Aufbaus vor. Er hatte begriffen, daß dies ein letzter Versuch der Arbeiterklasse zur Kontaktaufnahme mit der Führung war, wenn auch *„in der Form des Faustschlags“*. Doch niemand hörte auf den Dichter und Nationalpreisträger.

Detail an der Gartentreppe

„Der 17. Juni hat die ganze Existenz verfremdet", notierte er am 20. August.

Harte Tage.
Die Weißwäscherei ist
in vollem Gang.
Dabei: Welch eine Chance,
ein guter Kommunist
zu werden!

Brief an Käthe Rülicke,
Juni 1953

In Buckow begannen sich die Bilder zu drehen:

Böser Morgen

Die Silberpappel, eine ortsbekannte Schönheit
Heute eine alte Vettel. Der See
Eine Lache Abwaschwasser, nicht rühren!
Die Fuchsien unter dem Löwenmaul billig und eitel.
Warum?
Heute nacht im Traum sah ich Finger, auf mich deutend
Wie auf einen Aussätzigen. Sie waren zerarbeitet und
Sie waren gebrochen.
Unwissende! Schrie ich
Schuldbewußt.

Eine seiner *Buckower Elegien* schickte er an Otto Grotewohl mit der Bitte, den Text im Ministerrat zu verlesen:

An der Gartentreppe

Die Wahrheit einigt

Freunde, ich wünschte, ihr wüßtet die Wahrheit
und sagtet sie!
Nicht wie fliehende müde Cäsaren: Morgen kommt Mehl!
So wie Lenin: Morgen abend
Sind wir verloren, wenn nicht…
So wie es im Liedlein heißt:
„Brüder, mit dieser Frage
Will ich gleich beginnen:
Hier aus unsrer schweren Lage
Gibt es kein Entrinnen.“
Freunde, ein kräftiges Eingeständnis
Und ein kräftiges WENN NICHT!

Am Seeufer

Das wohl berühmteste Gedicht aus diesem Zyklus, ***Die Lösung,*** gipfelt in der Frage:

„Wäre es da
Nicht doch einfacher, die Regierung
Löste das Volk auf und
Wählte ein anderes?“

Um 1952

Zum Glück gab es da die jungen Leute, an die er seine Erfahrungen und sein Wissen weitergeben konnte. 1950 hatte er in einem Lied zu seiner Oper *Persische Episode* bekannt:

Nichts macht mich so gänzlich heiter
Als zu helfen allen, allen!
Geb ich, was ich hab nicht weiter
Kann es mir doch nicht gefallen.

Und sie kamen in großer Zahl, die jungen Regisseure, Dramaturgen und Theaterleute: Manfred Wekwerth, Helmut Baierl, Joachim Tenschert, Peter Palitzsch. Was aber konnte er der verfahrenen Situation noch hinzufügen? Seine Stücke waren meist Lehrstücke, die den Menschen den Spiegel vorhielten und ihnen zugleich Handlungsmöglichkeiten aufzeigten. Aber Satire und politische Dichtung sind Sache der Deutschen nicht, erst recht nicht, wenn sie nach vielen Seiten offen bleiben. Im neuen, sozialistischen Deutschland brauchte man seine Vorschläge nicht. Seine Werke erschienen im Westen, bei Suhrkamp, und gelangten nur als Lizenzausgaben an die Ost-Berliner Verlage, erleichtert um einiges Unbequeme, ja Mißverständliche. Das Volk Lessings, Schillers, Büchners, Wedekinds und Hauptmanns schien noch immer nicht begriffen zu haben, was Theater war und für die Zukunft bedeuten konnte. Deutschland blieb ihm stets unheimlich! Seine eigenen Wünsche für die Zukunft waren bescheiden. Schon vor langem hatte er geschrieben:

Im Korridor von Brechts Wohnung im Gärtnerhaus

Ich benötige keinen Grabstein, aber
Wenn ihr einen für mich benötigt
Wünschte ich, es stünde darauf:
Er hat Vorschläge gemacht. Wir
Haben sie angenommen.
Durch eine solche Inschrift wären
Wir alle geehrt.

Sollte er neue, ganz andere Stoffe finden? Aber das Politische quoll überall herauf, wo man in der Geschichte grub. Selbst in Buckow. Dort hatte es im 18. Jahrhundert eine blutige Fehde zwischen den Buckowern und dem Gutsherrn Graf Johann Georg von Flemming um die Holzschlagrechte der Bürger gegeben. Ein Thema, wie für Brecht gemacht? Es gab noch viele Vorschläge zu machen. Im April 1955 besuchte Brecht die Generalprobe von *Der gute Mensch von Sezuan* in München. In Pullach ließ er sich von einem alten Bekannten, dem Maler Professor Kallmann portraitieren. Es entstanden ein Ölbild und zwei Pastelle, die letzten Portraits des Dichters. Brecht, *„früher so lustig und lebhaft, war wie ausgeleert, schweigsam"* berichtete Kallmann. Seit einiger Zeit kam es vor, daß er Freunde anrief und um einen Besuch in Buckow bat. Wenn sie kamen, gab es nichts mitzuteilen. Er wollte sie einfach nur sehen. Der Germanist Hans Mayer zögerte, nach Buckow zu reisen. Ein Termin in Paris schien ihm wichtiger. Er sollte den Freund nie wieder sehen. Bertolt Brecht starb am 14. August 1956 in Berlin an den Folgen eines Herzinfarkts. Die Zeit in Buckow umfaßte seine letzten vier Lebensjahre.

Nach seinem Tod kümmerte sich Helene Weigel um den Nachlaß ihres Mannes. Sie rief das Bertolt-Brecht-Archiv ins Leben und bestimmte als dessen Sitz die letzte gemeinsame Stadtwohnung in der Berliner Chausseestraße. Beherzt und streitbar trat sie für eine vollständige und

Schreiben Sie nicht, daß Sie mich bewundern. Schreiben Sie, daß ich unbequem war und es auch nach meinem Tode zu bleiben gedenke. Es gibt auch dann noch gewisse Möglichkeiten.

Brief an Karl Kleinschmidt

Dieser überreiche Dichter streute in alles, was er schuf, Keime von Gedanken und Spürungen, dazu bestimmt, ihr ganzes Leben erst später zu entfalten. Er war überzeugt, daß jedes lebendige Werk aus eigener Kraft wächst und weiterarbeitet, daß es sich ändert mit jedem Hörer und Leser, den es erreicht.

Aus: Lion Feuchtwanger, Bertolt Brecht

Arbeitsgespräch mit Joachim Tenschert über ‚Das Manifest' von Brecht. Dabei Pilze putzen. August 1967

In Buckow, Mai 1967

unzensierte Veröffentlichung seiner Werke in der DDR ein und stritt für den Zusammenhalt des Berliner Ensembles. Noch immer stießen Brechts Texte auf heftige Bedenken in der Parteiführung. Seine Journale ungekürzt in einem Sonderheft der Zeitschrift ‚Sinn und Form' zugänglich zu machen, wie sie es vorschlug, war unannehmbar. Ein Erscheinen im Westen war allerdings nicht minder problematisch, konnten doch Teile davon auf Umwegen in die DDR gelangen.

Mit einer Schülergruppe, Mai 1967

Lange noch fuhr sie hinaus nach Buckow, saß dort mit den jungen Mitarbeitern auf dem Steg oder auf der Treppe des Hauses oder verschwand zum Pilzesuchen im Wald.
Nach ihrem Tod am 6. Mai 1971 verkauften die Erben des Ehepaares die „Eiserne Villa" an den Staat und nutzten nur das „Gärtnerhaus", Brechts Refugium, für private Zwecke. Seit 1977 steht die Wohnhalle allen Besuchern offen und ist Schauplatz von Veranstaltungen wie dem „Buckower Literatursommer". Die kleine Küche der Weigel beherbergt jetzt den Kassenraum. Die lange Tafel, die der Schauplatz so vieler Gespräche, von Gelächter und Genüssen war, bildet noch immer den Mittelpunkt des Saales. Die alten Möbel, schweigende Zeugen der Diskussionen um die Zukunft des Theaters, erinnern an die große Zeit der Villa. Gerahmt von der gläsernen Fenster-

Die alten Möbel in der Halle

Es gibt Leute, die plötzlich in ein Jammergeschrei ausbrechen: Mein Gott, sie hat fünfzehn Jahre nicht Theater spielen können! Der Gedanke ist mir in der ganzen Zeit nicht gekommen, weil es wirklich eine vernünftige praktische und wichtige Sache gab: daß Brecht arbeiten konnte und daß die Kinder aufwuchsen. Das Mitgefühl mit mir, das möchte ich so gern vermeiden. Das halte ich für überflüssig, unrichtig und schädlich.

Aus: Helene Weigel in Buckow

front glänzt der Schermützelsee. Im Bootshaus an seinem Ufer ist der Planwagen zu bewundern, den Helene Weigel als Courage viele hundert Male über die Bühne zog. Draußen die Silberpappel ist zu einem Mammutbaum ausgewachsen. Gestützt von einer eisernen Klammer schickt sie ihr vielstimmiges Rauschen in den Wind. Auch der Blumengarten existiert noch:

Der Blumengarten

Am See, tief zwischen Tann und Silberpappel
Beschirmt von Mauer und Gesträuch ein Garten
So weise angelegt mit monatlichen Blumen
Daß er vom März bis zum Oktober blüht.

Hier, in der Früh, nicht allzu häufig, sitz ich
Und wünsche mir, auch ich mög allezeit
In den verschiedenen Wettern, guten, schlechten
Dies oder jenes Angenehme zeigen.

Die *Buckower Elegien* blieben Brechts letzte Gedichte.

Gartenfront der
‚Eisernen Villa'

Mit den Enkelkindern
Jenny und Johanna

Mit jungen Mitarbeitern Brechts auf der Gartentreppe der ‚Eisernen Villa'
vlnr.: Helmut Baierl, Manfred Wekwerth, Joachim Tenschert

Der Bootssteg

Helene Weigel auf dem Steg

Lebensdaten von Brecht & Weigel (Auszug)

1898	Eugen Berthold Brecht 10. 2. in Augsburg geboren. Vater ist Angestellter, später kaufm. Direktor einer Papierfabrik.
1900	Helene Weigel 12. 5 in Wien geboren. Vater Prokurist einer Textilfirma, Mutter Inhaberin eines Spielwarengeschäftes.
1917–18	Brecht studiert Philosophie in München. Schreibt *Baal.*
1919	Weigel am Neuen Theater in Frankfurt/Main (bis 1921) Brecht schreibt *Trommeln in der Nacht* (Urauff. 1922).
1922	B. heiratet die Opernsängerin Marianne Zoff. W. wird von L. Jeßner an das Staatstheater Berlin engagiert.
1923	12. 3. Brechts und Marianne Zoffs Tochter Hanne geboren. Helene Weigel und Brecht lernen sich in Berlin kennen. Urauff. von *Dickicht* (München) und *Baal* (Leipzig). W. bis 1928 an verschiedenen Theatern in Berlin engagiert.
1924	3. 11. Weigels und Brechts gemeins. Sohn Stefan geboren. Übersiedlung Brechts nach Berlin.
1927	Brecht und Marianne Zoff geschieden.
1928	31. 8 Uraufführung der *Dreigroschenoper.* (Musik: K. Weill) Erneutes Engagement von Weigel am Berliner Staatstheater.
1929	10. 4. Heirat von Helene Weigel und Bertolt Brecht.
1930	28. 10. Geburt der gemeinsamen Tochter Barbara.
1930–33	Helene Weigel spielt wichtige Rollen in Brechts Stücken *Die Maßnahme* (Musik: Hanns Eisler), *Die Mutter.*
1933	Emigration der Familie Brecht nach Dänemark. Brecht lernt Ruth Berlau kennen.
1936	Urauff. *Die Rundköpfe und die Spitzköpfe* in Kopenhagen.
1937	Weigel spielt die Hauptrolle in der Uraufführung von *Die Gewehre der Frau Carrar* in Paris.
1938	Brecht schreibt *Leben des Galilei.*
1939	Übersiedlung nach Stockholm, später nach Lidingö. Weigel gibt Schauspielunterricht. Brecht schreibt *Mutter Courage und ihre Kinder,* arbeitet an *Der gute Mensch von Sezuan.*
1940	Übersiedlung nach Finnland. Brecht schreibt die *Flüchtlingsgespräche* und *Herr Puntila und sein Knecht Matti.*
1941–42	B. schreibt *Der aufhaltsame Aufstieg des Arturo Ui, Mutter Courage und ihre Kinder* Urauff. in Zürich (m. Th.Giehse). Exil in Amerika. Arbeit für Filmfirmen. Amerikan. Urauff.

v. Szenen aus *Furcht und Elend des Dritten Reiches* New York. *Schweyk im zweiten Weltkrieg* u. *Der kaukasische Kreidekreis*

1947 Die Familie bekommt Einreisepiere für die Schweiz. Brecht vor dem Kongreßausschuß für unamerikanische Betätigungen (HUAC). Abreise aus den USA. Urauff. *Die Antigone des Sophokles* in Chur mit Helene Weigel in der Titelrolle, sowie *Herr Puntila* in Zürich.

1948 Übersiedlung nach Berlin.

1949 11. 1. Premiere *Mutter Courage und ihre Kinder* mit Weigel in der Titelrolle. Brecht arbeitet an *Die Tage der Commune*. September. Eröffnung der 1. Spielzeit des BE. Intendantin: Helene Weigel. Künstlerischer Leiter: Bertolt Brecht.

1950 Bertolt Brecht und Helene Weigel sind Gründungsmitglieder der Deutschen Akademie der Künste.

1953 Brecht inszeniert *Katzgraben* von Erwin Strittmatter mit Helene Weigel in der Rolle der Großbäuerin Großmann. B. wird Präsident des PEN-Zentrums Deutschland, schreibt *Turandot oder der Kongress der Weisswäscher* und *Buckower Elegien.* Umzug nach der Chausseestr. 125.

1954 Berliner Ensemble zieht ins Theater am Schiffbauerdamm um. Brecht bekommt den Stalin-Preis verliehen.

1955 Gastspiel des BE in Paris mit *Der kaukasische Kreidekreis.*

1956 Am 14. 8. stirbt Brecht an Herz-Kreislaufversagen. Beisetzung Brechts auf dem Dorotheenstädtischen Friedhof. Helene Weigel setzt die künstlerische Arbeit des BE fort. Gastspiel des BE in London. Gründung des Bertolt-Brecht-Archivs durch Helene Weigel.

1957 15. 1. Premiere von *Leben des Galilei* (mit Ernst Busch).

1961 Urauff. DEFA-Spielfilm *Mutter Courage und ihre Kinder* mit Helene Weigel in der Titelrolle. Gastspiel des BE in Paris.

1965 Gastspiel des BE in London. Helene Weigel spielt die Volumnia in *Coriolan* von Shakespeare in der Bearbeitung von Brecht (Premiere war 1964).

1966 Gastspiel in Italien am Piccolo Teatro di Milano. Brecht-Werkausgabe im Suhrkamp Verlag (in 20 Bänden.)

1971 Letzter Auftritt von Helene Weigel in *Die Mutter.* Helene Weigel stirbt am 6. Mai und wird neben Brecht auf dem Dorotheenstädtischen Friedhof beigesetzt.

Brecht-Weigel-Haus
Bertolt-Brecht-Straße 30
15377 Buckow
Tel.: 033433-467
Fax: 033433-56215
Sommer: Mi.-Fr. 13–17 Uhr
Sa./So/Feiert. 13–18 Uhr
Winter: Mi.– Fr. 10–12,
13–16 Uhr, So. 11–16 Uhr.

Brecht-Weigel-Gedenkstätte
der Akademie der Künste
Chausseestraße 125
10115 Berlin
Tel.: 030-283057044
Fax: 030-283057033

Bisher erschienen:

Hermann Sudermann in Blankensee

Georg Kolbe in Westend

Karl May in Radebeul

Voltaire in Sanssouci

Ernst Barlach in Güstrow

Göschen und Seume in Grimma

Wolfgang Koeppen in Greifswald

Arno Schmidt in Bargfeld

Karl Hagemeister – von Werder bis Lohme

Ernst Jünger in Wilflingen

Weitere Titel in Vorbereitung

Bestellungen über:
Edition A·B·Fischer GbR
Mariendorfer Damm 1-3
12099 Berlin
Tel. 030–705 04 73
Fax: 030–705 05 73
atelierfischer@t-online.de
www.atelierfischer-berlin.de

Die Herausgeber danken den Mitarbeiterinnen des Bertolt-Brecht Archivs und der Brecht-Weigel-Gedenkstätte in Berlin für die freundliche Unterstützung.
Dem Suhrkamp Verlag danken wir für die Genehmigung zum Abdruck der Brecht-Gedichte.

Quellen (Auszug)

Bertolt Brecht, Werke, Band 30, Briefe 3, Band 27, Journale 2,
Die Gedichte von B. Brecht in einem Band, Frankfurt / Main;
Bertolt Brecht. Leben und Werk im Bild; Leipzig 1981;
Werner Hecht, Am Wasser des Schermützelsees – Bertolt Brecht in Buckow, Buckow 1995;
Werner Hecht, Helene Weigel – eine große Frau des 20. Jahrhunderts, Ff./Main, 2000;
Helene Weigel, Briefwechsel 1935 – 1971, Berlin 2000;
Stftg. Archiv d. Akad. d. Künste(Hg.), Chausseestraße 125, Berlin 2000

Bildnachweis

Gerda Goedhardt S. 20; Christian Kraushaar S. 19, 20u. und 24u.; Heinz Schubert S. 23u., Horst E. Schulze S. 5u.; Maria Steinfeld S. 4; Vera Tenschert S. 25, S.26, S. 28u., S.29o. und r.; alle übrigen Fotos: Angelika Fischer.
Nicht alle Urheber der historischen Fotos ließen sich ermitteln. Etwaige Rechteinhaber werden aufgefordert, sich mit dem Verlag in Verbindung zu setzen.

Impressum

Gestaltung und Herstellung: Atelier Fischer, Berlin
Gesetzt aus der Minion 9 pt Regular und Italic sowie der Futura Regular, Book und Bold
Duplex-Reproduktionen: Bildpunkt GmbH, Berlin
Druck: Ruksaldruck, Berlin
Bindung: Herbert Hensch, Berlin
Gedruckt auf 130g/m² holzfrei doppelt maschinengestr. *Westminster* 1,2 fach Vol. mit freundlicher Unterstützung der Firma Ernst A. Geese Papier, Hamburg
2. Auflage Februar 2007
ISBN 978-3-937434-06-3